L'AMI DE TOUT LE MONDE,

COMÉDIE,

EN DEUX ACTES ET EN PROSE,

Par L. B. PICARD,

DE L'INSTITUT;

Représentée pour la première fois, sur le Théâtre de Sa Majesté l'Impératrice et Reine, le mardi 22 décembre 1807.

« L'ami de tout le monde n'est point du tout mon fait. »
MOLIÈRE, *Misanthrope.*

Prix, 1 fr.

A PARIS,

Chez MARTINET, Libraire, rue du Coq, n° 15.

IMPRIMERIE DE CHAIGNIEAU AÎNÉ.
1808.

PERSONNAGES.   ACTEURS.

PERSONNAGES.	ACTEURS.
DALIGNY , riche négociant ,	M. BARBIER.
COURVILLE , riche négociant ,	M. GRANDVILLE.
MONDOUX ,	M. VIGNY.
DUCLOS , maître d'écriture ,	M. CLOZEL.
PAUL , fils de Daligny ,	M. FIRMIN.
JOSEPH , valet de Daligny ,	M. ARMAND.
Madame DALIGNY ,	Mlle DELILLE.
LAURE , sœur de Mondoux ,	Mlle ADELINE.
JULIETTE , femme-de-chambre de madame Daligny ,	Mlle MOLIÈRE , et Mme PÉLICIER.

La Scène est à Paris, chez Daligny.

L'AMI DE TOUT LE MONDE,
COMÉDIE.

~~~~~~~~~~~~~~~~~~~~~~

ACTE PREMIER.

(Le théâtre représente un riche appartement , et deux cabinets , dont l'un à droite et l'autre à gauche.)

SCÈNE PREMIÈRE.

MONDOUX, JOSEPH.

Joseph achevant de frotter l'appartement. Mondoux un parapluie sous un bras, des brochures sous l'autre, un bouquet à la main, des joujoux sortant de sa poche.

MONDOUX, *se retournant du côté par lequel il est entré.*

RESTEZ donc dans votre loge, madame Bernard ; l'air est humide, vous pourriez vous enrhumer ; mille choses aimables de ma part à votre mari, quand il sera revenu de ses commissions.

JOSEPH.

C'est monsieur Mondoux. Quel brave homme ! il commence ses politesses par la portière.

MONDOUX.

Ah ! vous voilà, mon cher Joseph ; et la santé, mon ami ?

JOSEPH.

Trop honnête, monsieur; excellente, Dieu merci. Eh mais, mon Dieu! comme vous voilà chargé!

MONDOUX.

Oh! ce n'est rien; des fleurs pour madame, des brochures pour monsieur, des joujoux pour la petite fille, une boîte de confitures sèches pour la femme-de-chambre, des gimblettes pour le petit chien. Quant aux billets d'Opéra que mon ami Joseph m'avait demandés.... Vous savez qu'on n'en donne plus.

JOSEPH.

Ah! quel malheur! c'était pour en faire hommage à mademoiselle Virginie, qui devait y aller avec sa tante.

MONDOUX.

La petite femme-de-chambre du second, où je vais dîner quelquefois quand vos maîtres dînent en ville; ah! fripon! Où en êtes-vous avec elle? (*Lui offrant du tabac.*) Comment le trouvez-vous?

JOSEPH.

Il y a parfum du Macoubac. Mais, monsieur, quelle philosophie a un maître comme vous (car vous êtes un maître enfin, quoique je ne vous connaisse pas de domestiques), de se familiariser avec un pauvre valet comme moi.

MONDOUX.

Mon ami, les honnêtes gens de tous les états ont droit à mes égards.

JOSEPH.

Comme c'est bien dit! Ah! monsieur, pour que je ne l'oublie pas, faites-moi le plaisir de me donner votre adresse. Quoique vous veniez dîner ici toutes les semaines, et quelquefois deux jours dans la semaine, on ne sait pas où vous demeurez; et si, par aventure, monsieur ou madame Daligny, ou monsieur Paul, le fils de la maison, ou mademoiselle Juliette, la femme-de-chambre, car vous êtes l'in-

time de tout le monde ici, me donnaient une commission pour
vous....

MONDOUX.

Inutile, mon ami ; je demeure fort loin , je ne veux pas
vous donner la peine.... Je me lève de bonne heure, je trouve
mon déjeûner préparé par ma bonne sœur, qui reconnaît
bien tous les soins que j'ai pris de son enfance ; je vais lire
les journaux dans un cercle très-bien composé, où j'ai beaucoup d'amis, qui m'ont admis sans abonnement ; j'ai toujours quelque course, quelque emplette à faire, quelque artiste
à visiter, quelque étranger à promener ; il y a tous les matins
dans Paris, ou une revue, ou une cérémonie, ou un exercice du Conservatoire. Je dîne chez un ami, qui me mène
au spectacle ou à l'Athénée ; je vais achever la soirée chez
un autre, je me couche fort tard, je ne suis jamais chez
moi.

JOSEPH.

Voilà comme j'aimerais à vivre, au lieu d'être exposé aux
humeurs des maîtres, aux duretés des camarades. Cette
demoiselle Juliette, parce qu'elle est femme-de-chambre
depuis dix ans dans cette maison, elle est plus fière que
vous !

MONDOUX.

Oui, elle est un peu impérieuse, un peu exigeante ; ah!
elle a la confiance de sa maîtresse, elle a élevé monsieur
Paul, elle est la confidente de tous les petits secrets du jeune
homme ; il faut une tête plus forte que la sienne pour ne
pas se laisser enivrer d'une place aussi belle.

JOSEPH.

Tenez, la voilà ; vous allez voir si elle ne va pas com-
mencer la journée par me gronder.

SCENE II.

LES MÊMES, JULIETTE.

JULIETTE.

Votre servante, monsieur Mondoux. Vous voilà de bonne heure. Vous venez vous informer si l'on dîne ici ? Oui, vraiment, et nous avons un monde à ne pas nous reconnaître. Eh bien, qu'est-ce que vous faites donc là, Joseph ? Madame a fini sa toilette, monsieur va sortir ; rangez le boudoir, mettez le cheval au cabriolet, et ne vous faites pas attendre comme l'autre jour pour votre couvert.

JOSEPH.

Eh ! mon Dieu, mademoiselle, j'y vais ; on peut dire les choses sans se fâcher. (*A part, à Mondoux.*) C'est bien dur de se voir commandé par une personne de sa profession.

(*Il sort.*)

SCENE III.

MONDOUX, JULIETTE.

MONDOUX, *à Joseph.*

Allons, allons, la paix. (*Haut.*) Il est un peu niais, un peu paresseux, un peu impertinent. J'ai pensé à vous, mademoiselle ; daignez accepter... Une dame de mes amies qui a été marraine. (*Lui donnant la boîte et les gimblettes.*) Et voilà pour votre chère Zoé.

JULIETTE.

Pour Zoé ! oh ! qu'elle sera contente ! Mais vous vous ruinez avec tous ces petits soins, monsieur Mondoux.

MONDOUX.

Ne faites donc pas attention. Trop heureux.....

JULIETTE.

Madame est aujourd'hui d'une humeur détestable.

MONDOUX.

Elle aura mal dormi, fait quelque mauvais rêve ; c'est bien désagréable pour vous d'avoir affaire à une femme superstitieuse.....

JULIETTE.

Capricieuse, bizarre, coquette. J'avais un grand secret à lui révéler qui la concerne, je ne m'en suis pas avisée ; je l'ai confié à monsieur : c'est au sujet de leur fils.

MONDOUX.

Et qu'est-ce que c'est donc ?

JULIETTE.

Il me dit tout, le pauvre enfant ; jugez donc, il n'avait que dix ans quand je suis entrée dans la maison. Joli sujet ! à son âge, avoir presque fini son droit ! Il fera son chemin ; je l'aime bien mieux que sa petite sœur, que madame gâte à la journée. Mais ne voilà t-il pas qu'il est devenu amoureux. Si jeune que cela ! c'est intéressant ; mais cela peut devenir très-dangereux. J'ai bien recommandé à monsieur de ne pas avoir l'air d'avoir appris la chose par moi, nous ne saurions plus rien ; mais voici madame.

SCÈNE IV.

LES MÊMES, Madame DALIGNY.

Madame DALIGNY.

Vous êtes ici, mon cher Mondoux ? Pourquoi donc, mademoiselle, ne m'avertissez-vous pas ? Je n'ai jamais eu tant besoin des consolations d'un véritable ami.

MONDOUX.

Comment vous soupçonner quelques chagrins, belle dame ? Sans flatterie, je ne vous ai jamais vue si bien.

Madame DALIGNY.

Vous trouvez?

MONDOUX.

Parole d'honneur! Et quand on pense qu'à tant de graces vous joignez l'esprit le plus délicat, l'ame la plus sensible, toujours sans flatterie. . . . Je sais que vous aimez les fleurs. (*Il présente les fleurs.*)

Madame DALIGNY.

Ce cher Mondoux, c'est un bien galant homme !

MONDOUX.

Où est donc votre aimable petite fille? je ne l'ai pas oubliée. (*Il présente les joujoux.*)

Madame DALIGNY.

Comment donc, des moutons, un berger, une bergère, c'est une pastorale complète. C'est pour le coup que Louisa va vous appeler son bon ami. Il ne faut pas la déranger, elle prend sa leçon d'écriture ; un nouveau maître, qui a une figure assez originale.

MONDOUX.

Il fallait donc me dire que vous cherchiez un maître, je vous en aurais procuré un excellent.

Madame DALIGNY.

Vraiment ? si je ne suis pas contente de lui.....Eh! bien, Juliette, cette demoiselle que madame Dupré doit m'envoyer pour travailler chez moi ?....

JULIETTE.

Je l'attends, madame ; je suis étonnée quelle ne soit pas encore arrivée.

Madame DALIGNY.

Beaucoup d'attentions pour elle, je vous en prie; une jeune personne fort intéressante, qui méritait un meilleur sort, m'a-t-on dit. Portez ces fleurs dans mon boudoir ; ne donnez ces joujoux-là à Louisa qu'après sa leçon, et laissez-nous.

JULIETTE.

Oui madame, (*A part.*) Beau profit de donner à des enfans ; ça sera bientôt brisé.   (*Elle sort.*)

SCÈNE V.

Madame DALIGNY, MONDOUX.

Madame DALIGNY.

Mon ami , ma situation devient de jour en jour plus affligeante. Je vous ai confié mes douleurs , mes soupçons ; M. Daligny se dérange , je n'en saurais douter ; je l'adore, l'ingrat ! il me délaisse. Est-ce le jeu ? est-ce une maîtresse qui me l'enlève ? quel exemple il donne à son fils ! Ajoutez qu'il devient avec moi d'une parcimonie !.... Le plus grand faste quand il reçoit ; mais j'ai beau lui répéter que pour être mise comme tout le monde , il faut qu'une femme ait beaucoup d'argent ou fasse des dettes ; pas possible de lui faire entendre raison.

MONDOUX.

Il y a des gens qui ne sentent pas leur bonheur. Comment se fait-il que mon ami Daligny, si excellent homme d'ailleurs, méconnaisse le prix d'une femme aussi parfaite ? Il y a long-temps que nous sommes convenus qu'il avait une grande faiblesse de caractère.

Madame DALIGNY.

Mon cher Mondoux, il a confiance en vous, parlez-lui, je vous en prie ; il ne m'écoute plus.

MONDOUX.

Comptez-y : oui, certe, dussai-je me brouiller avec lui, je lui parlerai avec la franchise qui fait la base de mon caractère. Ah ! Dieu ! il me serait si doux de vous voir toujours de bon accord..... Non que je pense qu'il puisse vous oublier ; je le crois fidèle, rangé.

Madame DALIGNY.

Eh bien, à la bonne heure; mais qu'il augmente ma pension. Je l'entends je crois, je vous laisse. Vous dinez avec
nous; nous aurons beaucoup de jeunes personnes, et je
compte sur vous pour mettre en train les petits jeux in-
nocens, quand ces messieurs commenceront la bouillote.

(*Elle sort.*)

MONDOUX.

Toujours à vos ordres, belle dame.

SCÈNE VI.

MONDOUX, DALIGNY.

DALIGNY.

Vous êtes seul, Mondoux?

MONDOUX.

Votre femme me quitte à l'instant, mon ami.

DALIGNY.

Eh! bien, que dit-elle, ma femme?

MONDOUX.

Vous le saurez : voici les brochures que vous avez paru
desirer hier.

DALIGNY.

Ah! que vous êtes aimable! Vous savez quel est l'au-
teur? c'est ce Courville dont j'ai été l'ami intime, dont la
femme s'est brouillée avec la mienne avant de mourir,
si bien que les deux maris se sont brouillés à leur tour.
L'extravagant s'est ruiné; on ne savait ce qu'il était devenu. Le voilà qui fait des livres, des projets de finance.

MONDOUX.

Ce que jai lu de son ouvrage ne m'a pas paru mer-
veilleux.

DALIGNY.

Eh! bien, on le vante comme un chef-d'œuvre. Vous l'avez connu, ce Courville?

MONDOUX.

Parbleu, dans le tems de sa fortune, combien de fois n'ai-je pas été lui demander à dîner pour trouver l'occasion de lui reprocher ses prodigalités! J'y retournais souper (on soupait encore dans quelques maisons), pour répéter mes remontrances, peines perdues.

DALIGNY.

Homme à talent, négociant à grandes vues, je ne saurais le nier, quoique je le déteste; mais une dupe, un fou.

MONDOUX.

Je l'ai toujours jugé ainsi; parlons de votre femme: D'abord il faut rendre justice à son cœur, elle vous adore; mais vous voyant répandu, recherché dans le monde, elle craint.... que vous dirai-je...? elle est jalouse. Ecoutez donc; vous êtes jeune encore: n'allez pas croire au moins que je partage ses soupçons; et qui sait mieux que moi que vous êtes le modèle, le phénix des maris?

DALIGNY.

C'est bien après vingt ans de mariage qu'il sied à ma femme d'avoir de ces idées-là; eh! vraiment, qu'elle me rende ma maison agréable, je ne la quitterai pas.

MONDOUX.

C'est ce que je lui ai dit. Et puis elle croit que, riche comme vous l'êtes,.... car vous êtes riche, mon ami?

DALIGNY.

Oui, je suis à mon aise; après?

MONDOUX.

Eh bien! elle croit que vous pourriez ajouter quelque chose à la somme que vous lui donnez.

DALIGNY.

Ah! voilà ce que c'est, elle fait la jalouse pour que
j'augmente sa pension.

MONDOUX.

A vous dire le vrai, je l'ai pensé. Vous entendez bien
qu'il ne m'appartient pas de vouloir vous dicter votre conduite; j'ai trop bonne opinion de vous pour douter de vos
procédés envers une femme que vous estimez, qui le mérite, au surplus.... Ainsi.... agissez comme vous vou-
drez, je garantis que vous agirez bien. La seule grace
que je vous demande, si madame Daligny vous en parlait,
c'est de dire que je vous en ai parlé, moi.

DALIGNY.

Oui, oui, je ne vous brouillerai pas avec elle. J'ai bien
une autre inquiétude, mon cher ami; je suis enchanté de
vous voir, j'aurais envoyé chez vous si j'avais su précisément où vous demeurez. Mon fils est amoureux.

MONDOUX.

Bah!

DALIGNY.

Oh! mais amoureux à en perdre la tête. Il l'a confié à
Juliette, qui l'a presque élevé; je sais bon gré à cette fille
d'être venu me le révéler à l'instant. Vous connaissez le caractère de mon fils; franc, vif, ingénu, confiant; il est
capable des plus grandes extravagances.

MONDOUX.

Et savez-vous quel est l'objet de sa passion?

DALIGNY.

Une jeune personne fort intéressante, qui brode, qui
travaille en dentelles.

MONDOUX.

Ah! une grisette.

DALIGNY.

Non pas : elle est très-bien née; elle annonce la meil-

leure éducation, elle a essuyé des malheurs ; elle est obli-
géé de travailler pour vivre.

MONDOUX.

Allons, voilà un petit roman qui n'est pas mal in-
venté.

DALIGNY.

Ce n'est point un roman. Madame Dupré, une des mar-
chandes de ma femme, qui est une personne fort honnête, en rend le témoignage le plus avantageux.

MONDOUX.

Voilà une passion qui doit bien vous contrarier. Oh ! les
jeunes gens ! les jeunes gens ! Au surplus je ne vois là qu'un
enfantillage.

DALIGNY.

Eh ! avec une tête comme celle de mon fils.... Il
tient de moi ; j'ai fait bien des folies : j'en fais encore.

MONDOUX.

Qu'est-ce qui n'en fait pas ?

DALIGNY.

Je le vois arrêté, dérangé dans ses études, dans son
état ; et il y a tant d'exemples des extrémités où se portent
les enfans dont on veut gêner les inclinations...! Je ne
crains pas de montrer toute ma faiblesse à un ami. Je suis
bon père, moi ; et franchement, si ce qu'on dit de la petite
personne est vrai, si j'étais certain que mon fils fût heureux
avec elle... Au fait, ne suis-je pas assez riche ?... Cependant
je m'étais toujours flatté de lui trouver un grand parti.

MONDOUX.

Eh ! mon ami, que la petite personne soit honnête,
qu'elle soit jolie, qu'elle soit parfaite, cela peut-il convenir à votre fils ? Une jeune ouvrière au fils de M. Daligny ! ah ! fi donc ! Au risque de vous déplaire, je dois
vous dire la vérité ; l'amour passe, on se repent de s'être
mésallié, votre fils vous en voudrait, mauvais ménage !

Et puis est-ce à son âge qu'on se marie ? Pardon, je m'emporte, c'est mon devoir, vous ne pouvez pas, vous ne devez pas consentir.... qu'est-ce que je dis ? vous ne devez pas même y penser.

DALIGNY.

Oh! je conçois bien.... aussi faudrait-il qu'il arrivât des circonstances extraordinaires.... Il s'agirait, pendant qu'il en est temps, de tâcher de le guérir de son amour. Le heurter, cela ne vaudrait rien; que je lui parle, moi: les conseils d'un père ont toujours l'air d'un ordre.

MONDOUX.

Voulez-vous que je m'en charge ?

DALIGNY.

Je n'aurais pas osé vous en prier.

MONDOUX.

C'est une injure que de douter de mon zèle ; et puis-je jamais m'acquitter de tout ce que je vous dois ?

DALIGNY.

Digne ami, je le vois, vous allez prêcher le fils avec la même chaleur que vous venez de prêcher le père.

MONDOUX.

Encore plus forte, mon ami ; car enfin j'ai bien plus de droits avec un enfant qu'avec un homme comme vous, dont je dois respecter le mérite, l'opinion. Quand je ne suis pas d'accord avec vous, mon premier mouvement est de croire que j'ai tort. Heureusement cela n'arrive pas souvent ; mais pour cette idée de mariage, je ne peux pas vous la passer, parole d'honneur.

DALIGNY.

Allons, n'en parlons plus, n'y pensons plus. Chut, voici mon fils ; il faut que je paraisse ne rien savoir, n'est-ce pas ?

MONDOUX.

C'est cela.

SCENE VII.

LES MÊMES, PAUL.

PAUL.

Bon jour, mon père.

DALIGNY.

Bon jour, mon fils.

MONDOUX.

Bon jour, mon jeune ami. Mais regardez donc, c'est un homme à présent, que notre étudiant en droit.

PAUL.

Qu'avez-vous donc, mon père? vous me recevez d'un air bien froid.

DALIGNY.

Moi, mon ami, tu te trompes; moi, un air froid pour un fils qui ne me donne que des sujets de satisfaction, qui serait prêt dans l'occasion à me faire tous les sacrifices; car ce sont-là tes sentimens, n'est-ce pas?

PAUL.

Oui, sans doute, mon père; mais que voulez-vous dire?

DALIGNY.

Rien, rien du tout, mon ami. Tiens, cause avec Mondoux, il t'expliquera..... Mais non, il n'a rien à t'expliquer; c'est moi qui dans ce moment ai quelque affaire dans mon cabinet. (*Bas à Mondoux.*) Si je restais, je m'attendrirais où je m'emporterais, et cela ne vaudrait rien; parlez-lui raison, je vous en prie. (*Il sort.*)

SCÈNE VIII.

MONDOUX, PAUL.

PAUL.

Que peut avoir mon père contre moi ? il paraît troublé, embarrassé.

MONDOUX.

Or çà, jeune homme, vous connaissez l'amitié que je porte à toute la famille, et particulièrement à vous. Voyons, faites-moi votre confidence tout entière : où en êtes-vous avec la petite personne que vous adorez ?

PAUL.

Comment, monsieur ?.... O ciel! est-ce que mon père saurait....?

MONDOUX.

Eh! non, le papa ne sait rien; seulement, en vous voyant moins assidu à vos études, il a quelques légers soupçons que nous saurons dérouter; mais, moi!

PAUL.

Vous! je le vois, Juliette m'a trahi.

MONDOUX.

Point du tout, c'est moi qui ai découvert.... Je connais une certaine marchande fort liée avec le jeune objet..... je l'ai vu.

PAUL.

Quoi! vous auriez vu Laure?

MONDOUX.

Laure! elle s'appelle Laure? joli nom! qui m'est bien cher! c'est celui de mon aimable sœur; car j'ai une sœur pour qui je fais tout au monde.

PAUL.

Si vous connaissez celle que j'aime, convenez qu'elle est charmante.

MONDOUX.

Mais, oui, elle est gentille.

PAUL.

Comment, gentille ! adorable ; sa beauté n'est rien auprès de sa douceur, de sa décence, de sa vertu. Hélas !
elle ne sait pas combien je l'aime ! Jusqu'ici j'ai trouvé
différens prétextes pour aller les soirs dans une maison où
elle travaille ; je me promets tout le jour d'être un peu plus
hardi, j'arrive, je la regarde, et la parole me manque.

MONDOUX.

Diable ! vous ne laissez pas que d'être fort avancé. Mais
enfin, quel est votre but avec cette petite Laure ?

PAUL.

Et que sais-je ? de l'aimer, de m'en faire aimer, de me
jeter aux pieds de mon père, d'obtenir sa main.

MONDOUX.

Y pensez-vous ? allons donc, mon cher ; moi, je ne suis
pas votre père, je suis votre ami, je sais fort bien qu'il faut
qu'un jeune homme ait quelques petites inclinations ; moi,
qui vous parle, j'en ai eu dans mon temps ; oui, monsieur,
comme un autre. On s'en tient à adorer ces petites personnes
six semaines, six mois, plus ou moins.

PAUL.

Eh ! quoi ? vous me conseilleriez de la séduire, de la
.tromper !

MONDOUX.

Eh ! non, ce n'est pas cela ; je veux seulement vous
dire que vous ne devez pas songer à épouser. A votre âge !
une petite ouvrière, encore.

PAUL.

Mon père n'était pas plus âgé que moi quand il se maria.
Laure n'est-elle pas cent fois au-dessus de son état ? C'est
mon premier amour, ce sera le dernier ; non, je n'en aimerai
jamais d'autre.

MONDOUX.

Oh ! jamais....

PAUL.

Ecoutez, vous m'avez juré bien souvent une amitié à
toute épreuve. Vous êtes incapable de me trahir.

MONDOUX.

Incapable.

PAUL.

Mon cher monsieur Mondoux, je voulais vous prier de
me rendre un grand service ; j'ose encore l'attendre de votre
complaisance.

MONDOUX.

Je suis à vous.

PAUL.

Voyez Laure, parlez-lui en ma faveur.

MONDOUX.

Moi !

PAUL.

Oui, vous ; vous voyez que le sentiment qu'elle m'inspire
est aussi respectueux que tendre ; vous savez que je vous
suis tout dévoué : or, aujourd'hui, c'est moi qui ai besoin
de vous, vous ne me refuserez pas.

MONDOUX.

Permettez donc....

PAUL.

Je ne permets rien, vous n'aurez pas besoin de vous déranger. Je roule depuis deux jours dans ma tête un projet
qui peut réussir ; il s'agirait de la faire venir ici sans qu'elle
se doutât qu'elle est chez ma mère ; sans que personne,
excepté vous et moi, se doutât que c'est elle. Le hasard
m'a déjà bien servi, ma mère attend aujourd'hui même
une ouvrière, et à l'aide de quelques petits mensonges.....

MONDOUX.

Comment, mon cher ami....

PAUL.

J'entends quelqu'un ; c'est ce nouveau maître d'écriture qui vient de donner sa leçon à ma sœur. Je sors ; j'ai encore quelques préparatifs à faire pour le succès de mon plan.

MONDOUX.

Mais, je ne sais si je puis.....

PAUL.

Oui, oui, vous le pouvez. Quand on vous demande quelques couplets pour une fête ou un mariage, vous vous adressez à moi ; je me fais un plaisir de venir à votre secours, de vous laisser tout l'honneur de mon esprit : servez-moi, ou ne comptez plus sur moi. (Il sort.)

MONDOUX.

Eh mais c'est un démon, que ce petit bonhomme-là.

SCENE IX.

DUCLOS, MONDOUX.

DUCLOS, se retournant du côté de la coulisse.

Je suis fâché de vous le dire, madame ; mais vous ne ferez jamais rien de mademoiselle votre fille, si vous continuez à céder à tous ces petits caprices, et je vous fais ma très-humble révérence.

MONDOUX.

Permettez-moi de vous dire, monsieur, que... Comment, c'est toi, mon ami Duclos ?

DUCLOS.

Je ne me trompe pas, c'est toi, mon cher Mondoux : Eh ! que fais-tu dans cette maison ?

MONDOUX.

Moi, mon ami, je suis l'ami intime de M. Daligny.

DUCLOS.

Hélas! mon ami, je ne suis que le maître d'écriture de sa petite fille.

MONDOUX.

Et comment se fait-il qu'avec l'esprit, les moyens que je t'ai connus au collége, tu sois réduit à être maître d'écriture?

DUCLOS.

Ah! mon ami, j'ai essuyé bien des malheurs; tu sais qu'au collége mes camarades m'appelaient le mutin, et que mes parens me disaient que j'avais du caractère; cela m'a monté la tête; j'ai voulu me pousser dans le monde en faisant le frondeur; je n'épargnais les vérités à personne. Quand j'avais de l'amitié pour quelqu'un, je me serais cru coupable de lui cacher ses défauts; aussi je me suis trouvé sans amis. De braves gens avaient promis de me protéger; j'aurais cru les insulter en leur faisant ma cour; ils m'ont laissé là. Une fois j'ai été placé; je me suis avisé de dire à mon chef qu'il y avait un jeune militaire qui venait rendre visite à sa femme pendant qu'il était au bureau, le lendemain il m'a prié de lui donner ma démission, ce qui veut dire allez-vous-en. J'avais un petit patrimoine que j'ai mangé, et me voilà.

MONDOUX.

Dire la vérité aux gens, beau moyen de réussir! imbécille!

DUCLOS.

C'est juste.

MONDOUX.

Bien m'en a pris de suivre une autre route.

DUCLOS.

Je le vois, car enfin, pour être l'ami intime d'un homme aussi riche que M. Daligny, tu as donc fait fortune.

MONDOUX.

Non, mon ami, je n'ai toujours que mes deux mille quatre cent livres de rente; encore faut-il que je rende compte de la moitié à ma jeune sœur quand elle sera mariée ou majeure.

DUCLOS.

Tu as donc un état ?

MONDOUX.

Non, mon ami, je n'ai point d'état; à moins que ce n'en soit un d'être ami intime dans toutes les bonnes maisons de Paris.

DUCLOS.

Joli état !

MONDOUX.

Oui, mon cher; avec mon petit revenu, je ne fréquente presque que des millionnaires; et loin d'être déplacé dans leur société, j'y suis recherché, chéri, fêté; je passe l'été à la campagne dans des maisons d'amis; je parais à toutes les promenades dans le carrosse ou le cabriolet d'un ami, au spectacle, j'ai toujours une place dans la loge d'un ami; je donne deux déjeûners par an chez un restaurateur à des commis et à des secrétaires; point d'autre dépense que ma toilette, qui est toujours plus propre qu'élégante, quelques légers cadeaux et un loyer très-modique; car je vais chez tout le monde et je ne reçois personne.

DUCLOS.

Comment diable as-tu fait pour t'impatroniser de la sorte ?

MONDOUX.

Je n'ai rien de caché pour un ancien camarade, c'est une suite naturelle de mon caractère; je me suis senti porté à ne jamais contredire; par réflexion je me suis décidé à toujours approuver. Je me suis mis dans l'usage de rendre mille petits services qui ne coûtent rien. Dès qu'il y a une place vacante je vais solliciter, non pour moi, mais pour un ami : ici, je fais les honneurs de la maison; là, je suis chargé de faire les provisions de liqueur et de vanter le vin : je ne me bats jamais, mais on me prend souvent pour témoin : je vais chez des gens qui se détestent, mais qui m'aiment : dans nos troubles je n'ai été d'aucun parti et chacun me croyait du sien : tiens ; voilà ma liste des dîners priés de la semaine. Aujourd'hui ici, demain chez un étranger à qui je mène un mystificateur en crédit, dont je suis le compère; jeudi, chez un gros négociant qui est bien aise d'entendre une cantatrice que je protège; samedi, chez un général qui m'a demandé une petite allégorie pour la fête de sa femme.

DUCLOS.

Heureux Mondoux !

MONDOUX.

Très-heureux, mon ami. Ma vie est assez active; elle m'amuse. J'ai des petits calculs forts récréatifs. Un de mes amis desire-t-il quelque objet de médiocre valeur ? je m'empresse de le lui offrir. Il est sensible à mon attention, il s'informe du jour de ma fête, mon petit cadeau m'en vaut un grand; je n'ouvre la bouche que pour dire des douceurs; je souris au valet qui m'annonce, je souris à celui qui me verse à boire.

DUCLOS.

Quoi! même aux valets !

MONDOUX.

Eh ! mon ami, les valets sont les maîtres des maîtres; celui qui n'est pas bien avec le valet-de-chambre, ne trouve jamais monsieur chez lui; celui dont la femme-de-chambre ne dit pas de bien en coiffant sa maîtresse, est un homme de mauvaise compagnie qu'on ne saurait recevoir. Aussi Je me ruine en étrennes. Du reste; point de peine, point d'embarras; hier seulement, je fus un peu intrigué, j'étais presqu'à la même heure, à la même paroisse d'un mariage et d'un enterrement ; il fallait rire à la noce , et pleurer à l'enterrement.

DUCLOS.

Cela n'était pas facile.

MONDOUX.

Je m'en suis tiré , et puis cela n'arrive pas tous les jours.

DUCLOS.

Voilà une vie fort douce. Et ta jeune sœur, que fait-elle , pendant que tu brilles dans la société ?

MONDOUX.

Eh ! mais, je ne sais trop. Elle n'aime pas le monde ; nous demeurons ensemble , nous ne nous voyons guère ; elle travaille, elle s'occupe, elle a soin de mon ménage.

DUCLOS.

De ton ménage ! tu n'en a pas.

MONDOUX.

C'est-à-dire du sien..... Elle est si sage, si modeste dans ses goûts. Je lui donne fort peu, elle ne me demande rien de plus, je m'en tiens là ; elle s'est liée avec la propriétaire de la maison , que je ne vois que quand il s'agit de payer mon terme ; une femme fort respectable , qui surveillerait la conduite de ma sœur s'il en était besoin. Chère sœur ! que je voudrais donc quelle trouvât un mari , quoiqu'elle me soit fort utile !

DUCLOS.

Répandu comme tu l'es, tu devrais lui en chercher un.

MONDOUX.

Tu entends bien qu'elle ne peut pas prétendre aux personnes de ma société ; ce qu'il lui faudrait ce serait un honnête petit marchand ; elle le trouvera j'en suis sûr.

DUCLOS.

Sais-tu que je te porte envie , que tu me donnes des regrets ? Ah ! que n'ai-je tenu là même conduite que toi !

Mais, morbleu, serait-il donc trop tard pour changer, pour marcher sur tes traces ?

MONDOUX.

Oh ! il faut de l'adresse, de l'habitude, de la constance ; il y a quelques ennuis à essuyer, quelques lectures de pièces où il ne faut pas dormir, quelques petites mortifications auxquelles il faut se faire.

DUCLOS.

Je m'y ferai, mon ami. Qu'est-ce que je risque. Je ne peux pas être pis. Tiens, je vais de ce pas donner une leçon dans une maison où il y a deux petites filles, un petit garçon, son précepteur, une mère et une femme-de-chambre ; bonne occasion pour m'essayer. Encore un mot, mon cher Mondoux : je voudrais seulement un petit emploi qui me donnât de quoi payer la toilette et le loyer ; or, si tu voulais me recommander à quelques-uns de tes amis intimes. . . .

MONDOUX.

Oui sans doute, je le veux, je le dois, je le ferai ; et, tiens, M. Daligny est l'homme qu'il nous faut, il a des bureaux, des commis ; je vais lui en parler à l'instant.

DUCLOS.

A l'instant ! Ah ! mon ami, dès que j'ai donné ma leçon dans cette autre maison, je reviens savoir le succès de ta demande, et te raconter le succès de mon début dans ton état. Je te retrouverai ici ?

MONDOUX.

Oui, oui, tu me retrouveras. Sors vîte, j'entends M. Daligny ; laisse-moi avec lui pour que je lui parle de toi.

DUCLOS.

Je m'en vas, je m'en vas. Quelle obligation ne t'aurai-je pas ? Quel bonheur de t'avoir rencontré ; heureux, pas fier et serviable : c'est rare.   (*Il sort.*)

SCÈNE X.

MONDOUX, DALIGNY.

MONDOUX, *seul un instant.*

Ce bon Duclos, je serais charmé de pouvoir lui être utile.

DALIGNY.

Eh bien, mon ami, que vous a dit mon fils?

MONDOUX.

Eh bien, mon ami, j'espère que nous viendrons à bout de convertir notre jeune homme. J'ai suivi vos conseils, je ne l'ai pas trop contrarié. Il m'a pris pour son confident; le voilà qui me prie de parler à sa belle.

DALIGNY.

Vous avez accepté?

MONDOUX.

J'attends vos ordres.

DALIGNY.

Cela ne serait peut-être pas si mal; nous deviendrions les maîtres de nos jeunes gens; nous y réfléchirons. Vous ne savez pas ce que je viens d'apprendre? ce Courville, dont je vous parlais tout-à-l'heure, est à Paris.

MONDOUX.

Courville!

DALIGNY.

D'hier au soir. Il revient sur l'eau; il rapporte de Hambourg, de Cadix, je ne sais d'où, une fortune plus considérable que celle qu'il a dissipée; en deux ans de temps, des spéculations les plus heureuses! Il est déja installé dans son ancien appartement. Joignez à cela le succès de son livre; on parle de lui pour une place majeure : le voilà tout-à-fait en faveur.

MONDOUX.

Et il occupe toujours le même appartement?

DALIGNY.

Eh! mon Dieu, oui ; la rue est déja pleine de voitures.
Tous ceux qui l'avaient abandonné dans sa disgrace s'em-
pressent d'aller lui faire leur cour. Quant à moi, j'étais
brouillé avec lui avant qu'il fût malheureux, je l'ai plaint
quand il était à plaindre ; le voilà heureux, je reprends
toute ma haine. Mais les autres ! Il y a trois jours on ne
parlait de lui que pour lui refuser toute vertu, tout mérite,
tout talent. Ecoutez-les aujourd'hui, ce sera un prodige.
Voilà les hommes.

MONDOUX.

Oui, les voilà. Je n'irai certainement pas grossir le nom-
bre de ses adulateurs. Ce n'est pas que j'aie à me plaindre
de lui, nous sommes même un peu parens, je crois ; mais
ses anciens procédés avec vous...... N'avez-vous pas à sortir ce matin, mon ami ? moi j'ai quelques visites à faire
avant dîner. (*Tirant sa montre.*) Il est déja tard.

DALIGNY.

Voulez-vous que je vous mène ?

MONDOUX.

Eh! non, je craindrais de vous déranger ; nous n'allons
pas du même côté ; il fait si beau ? Je ne suis pas fâché de
prendre un peu d'exercice, j'ai mon parapluie, d'ailleurs,
en cas d'accident.

DALIGNY.

A votre aise. Hé, Joseph ! Ainsi mon ami, pour mon
fils, nous en causerons ; pour ma femme, rien ; et quant à
Courville je vous sais gré de ressentir aussi vivement tous
les tort qu'il a eus envers moi. (*Il sort.*)

MONDOUX, *le suivant.*

Quand on est lié comme nous le sommes, offenser l'un
n'est-ce pas offenser l'autre? Oh ! oh! je ne suis pas l'ami de
tout le monde, moi. (*Ils sortent chacun d'un côté.*)

Fin du premier acte.

ACTE II.

SCÉNE PREMIÉRE.

JOSEPH, *seul.*

AH! c'est trop fort! Là, jusqu'au cheval du cabriolet, à qui il s'avise de faire des politesses pendant que monsieur monte en voiture.

SCENE II.

JOSEPH, PAUL.

PAUL.

C'est toi, Joseph? où est Mondoux?

JOSEPH.

Il vient de sortir, monsieur.

PAUL, *à part.*

Ah! diable! cela me contrarie. Tout a réussi, elle va venir, elle est peut-être déja arrivée. Pas le moindre soupçon de ma ruse. Oh! je m'y suis pris bien finement. (*A Joseph.*) Il va revenir, sans doute.

JOSEPH.

Mais je crois que oui, c'est-à-dire autant qu'on en peut répondre avec lui. Dieu merci, il ne laisse passer dans la rue personne de sa connaissance sans l'aborder, et il connaît tant de monde! Vous ne pouvez pas prononcer le nom de quelqu'un qu'il ne s'écrie: C'est mon ami intime. Si bien que l'autre jour, je lui demandais s'il n'avait pas rencontré Zoé, la petite chienne de mademoiselle Juliette. Je la connais, me dit-il: charmante demoiselle, pleine d'esprit.

PAUL.

C'est bon, c'est bon, tais toi. (*A part.*) Chère Laure !
quelle sera sa surprise, son effroi quand elle me reconnaîtra,
quand elle saura que c'est chez ma mère qu'elle vient travailler ; elle voudra s'enfuir, je comptais sur Mondoux
pour la prévenir, pour la calmer, et le voilà qui m'a-
bandonne !

JOSEPH.

Monsieur, il ne nous appartient pas de critiquer les
maîtres ; mais convenez que ce M. Mondoux est un singulier original. Ce n'est pas que je pense comme certains
méchans, qui disent qu'il trouve toujours du temps et des
jambes pour chercher des services, jamais pour en rendre.
Hélas ! je l'aime de tout mon cœur, et je suis bien sûr qu'il
n'y met pas de malice. Mais n'y a-t-il pas de quoi rire pour
nous autres qui nous tenons derrière, de le voir pencher
la tête, cligner des yeux, loucher ou bredouiller, suivant
le tic des personnes à qui il veut plaire ?

PAUL.

C'est vrai, parle-t-il à un militaire, il a fait la guerre ;
à un négociant, il se plaint de la stagnation du commerce ;
à un médecin, il se dit malade.

JOSEPH.

Par exemple, avant-hier, où nous avions tant de monde,
n'était-il pas comique ? Il interrompt ses politesses au premier commis, pour les adresser à monsieur, qui entre dans
le salon ; il quitte monsieur pour aller au-devant d'un
colonel que je venais d'annoncer. Le colonel a été bien
heureux qu'il ne survînt pas un général.

PAUL.

Mais, comme tu dis, cela ne l'empêche pas d'être un
bon homme. Ecoute, Joseph ; dès qu'il sera rentré ne
manque pas de m'avertir ; j'ai à lui parler.

JOSEPH.

Oui, monsieur. Quand on lui demande ce qu'il fait, il répond qu'il est homme de lettres. Je voudrais savoir....

PAUL.

Va-t-en, va-t-en, j'entends Juliette. Annonce-moi l'arrivée de Mondoux, c'est tout ce que je te demande.

(*Joseph sort.*)

SCENE III.

PAUL, *seul.*

De la prudence, ne laissons pas échapper un mot qui puisse nous trahir, et ne nous montrons devant elle que quand Mondoux lui aura parlé. Oh ciel ! la savoir si près de moi, et n'oser la voir !

SCENE IV.

JULIETTE, PAUL.

PAUL.

Ah ! ma bonne Juliette, dis-moi ; ma mère n'attend-elle pas une ouvrière aujourd'hui ?

JULIETTE.

Oui vraiment ; elle est là, dans l'antichambre.

PAUL.

Elle est là ?

JULIETTE.

Il s'agit de dentelles, de broderies, que sais-je, moi ? Depuis ce matin, madame s'impatiente ; elle a raison : ces petites filles-là sont d'une négligence ! Il m'a fallu essuyer pour elle l'humeur de madame. Oh ! je vais le lui rendre.

PAUL.

Comment, mademoiselle, vous auriez la barbarie de gronder cette pauvre fille parce qu'elle vous a fait gronder ? Que savez-vous si c'est sa faute d'arriver si tard ?

JULIETTE.

Eh mon Dieu, monsieur Paul, quel feu ! quelle chaleur ! Que signifie l'intérêt que vous prenez.....?

PAUL.

Moi ? je n'y prends aucun intérêt ; Je ne la connais pas. C'est un sentiment de justice, d'humanité.....

JULIETTE.

Ah ! quel soupçon ! Il ne manquerait plus que cela. Oh ! le petit scélérat ! Il en est capable.

PAUL.

Chut ; voici ma mère.

SCENE V.

LES MÊMES, Madame DALIGNY.

Madame DALIGNY.

Il est donc décidé, mademoiselle, que j'aurai perpétuellement à me plaindre de vous. Cette demoiselle, où est-elle ?

JULIETTE.

Eh mon Dieu, madame, vous allez la voir. (A part). Je ne sais quel parti prendre, en vérité. (Elle sort.)

SCENE VI.

Madame DALIGNY, PAUL.

PAUL.

Ma mère, vous êtes bonne, sensible, compatissante, incapable de maltraiter les personnes qui ont affaire à vous ; mais de grace, ne souffrez pas que vos gens les maltraitent.

Madame DALIGNY.

Non, sans doute, je ne le souffrirai pas ; et qui pourrait se permettre. ...?

PAUL.

Juliette.

Madame DALIGNY.

Je trouve Mlle Juliette bien plaisante. Elle a la rage de vouloir faire la maîtresse. Si quelqu'un a le droit de gronder ici, ce ne peut être que moi, je crois.

PAUL.

C'est ce que je lui ai dit. Mais ne lui en veuillez pas, c'est une bonne fille un peu vive, un excellent sujet. (*A part.*) Dieu, la voilà. (*Haut.*) Pardon, ma mère ; vous savez que, tout entier à mes études.... Il m'est dur de vous quitter ; mais le devoir...(*Il sort en baisant la main de sa mère.*)

Madame DALIGNY.

Aimable jeune homme.

SCENE VII.

Madame DALIGNY, JULIETTE, LAURE.

JULIETTE.

Entrez, entrez, mademoiselle. (*A part.*) Il faut en convenir, on n'a pas une tournure plus décente.

Madame DALIGNY.

On a bien de la peine à vous avoir, mademoiselle.

LAURE.

Il n'y a pas un quart-d'heure que madame Dupré m'a fait prévenir, madame. Je demeure fort loin; je n'ai pas perdu de temps.

Madame DALIGNY.

Madame Dupré m'a fait le plus grand éloge de vous ; elle vous aura dit sans doute les arrangemens que je vous propose ?

LAURE.

Non, madame; mais, d'après votre réputation, j'y souscris sans les connaître.

Madame DALIGNY.

Fort bien. (*A part.*) Elle paraît très-douce.

JULIETTE, *soupirant.*

Ah !

Madame DALIGNY.

Eh bien ! que signifie ce soupir ?

JULIETTE.

J'ai soupiré, madame ?

Madame DALIGNY.

Oui, vraiment. Allez montrer à mademoiselle ce qu'elle a à faire chez moi. Elle travaillera dans ma chambre à coucher, entendez-vous ?

JULIETTE.

Oui, madame.

LAURE, *prenant garde que Juliette n'entende.*

Madame est prévenue que je ne mange pas à la table des gens ; je ne méprise personne, mais. . . . .

Madame DALIGNY.

Oui, oui, mon enfant, je sais tout cela. Aujourd'hui, je

vous ferai servir avec ma fille ; et quand nous ne serons qu'en famille , vous mangerez avec nous.

LAURE.

Il est bien consolant, dans la position où je me trouve , de me voir traitée avec autant de bienveillance par les personnes à qui j'ai affaire. (*Elle sort.*)

Madame D A L I G N Y.

Tout-à-fait intéressante.

JULIETTE.

C'est par-là , mademoiselle. Je suis à vous dans l'instant.

SCENE VIII.

Madame DALIGNY, JULIETTE.

JULIETTE.

Ah , madame! il y a là-dessous une machination infernale. Convenez , que si cette jeune fille est du complot, c'est bien l'hypocrite la plus effrontée..... Mais non , c'est impossible ; il y a trop de candeur , trop d'innocence dans son air, dans son ton, dans toute sa personne ; alors madame , il faut dire que M. Paul est bien le plus mauvais petit garnement.....

Madame D A L I G N Y.

Mon fils ! Expliquez-vous sans toutes ces grandes phrases.....

JULIETTE.

Eh mais, madame , c'est elle.

Madame D A L I G N Y.

Qui , elle ?

JULIETTE.

Est-ce que monsieur n'a pas dit à madame ce que je lui ai révélé ce matin ?

3

Madame D A L I G N Y.

Est-ce que mon mari me dit quelque chose ?

JULIETTE.

Eh bien, madame, apprenez......

SCENE IX.

LES MÊMES, JOSEPH.

JOSEPH.

Madame, il y a là un M. Courville qui demande à parler à monsieur ou à madame.

Madame D A L I G N Y.

Courville! dites-vous ? notre ennemi déclaré. Vient-il nous insulter ? nous humilier ? Je n'y suis pas.

JOSEPH.

Ma foi, madame, c'est un monsieur qui ne sait pas se contenter de pareilles raisons. Le voilà. (*Il sort.*)

SCENE X.

Madame DALIGNY, JULIETTE, COURVILLE.

COURVILLE.

Votre serviteur, madame. Je suis arrivé hier. Je viens vous rendre visite aujourd'hui, ce n'est pas perdre de temps, je crois.

Madame D A L I G N Y.

J'avoue, monsieur, que la visite est si surprenante pour moi, après tout ce qui s'est passé... C'est sans doute à mon mari que vous avez affaire. Le voici fort à propos, je vous laisse. (*A Juliette.*) Tu m'as effrayée, Juliette. Eh! vîte, viens me raconter tout ce que tu sais, tout ce que tu soupçonnes. Eh ! quoi mon fils..... (*Elle sort en parlant bas et vivement à Juliette.*)

COURVILLE.

Rancune tenante chez la femme, je m'en doutais. Voyons le mari.

SCENE XI.

DALIGNY, COURVILLE.

DALIGNY.

Vous ici, monsieur ?

COURVILLE.

Moi-même, monsieur. Nous étions amis, nous nous sommes brouillés. J'étais fort riche ; je me suis ruiné en dîners, en bienfaisance, en flatteurs. Quand on m'a vu à pied, on m'a dédaigné, on m'a blâmé pour se dispenser de me plaindre ; à la bonne heure. J'ai quitté Paris, j'ai fait une nouvelle fortune, je reviens, ils reviennent, ils me trouvent un nouveau mérite ; mais je ne serai plus leur dupe. Je ne vous confonds pas avec eux. Je leur ferme ma porte et je viens vous chercher. Dites-moi, monsieur Daligny, vous souvenez-vous de ce qui nous a brouillés ?

DALIGNY.

Comment ! si je m'en souviens ?...

COURVILLE.

Pas plus que moi, n'est-ce pas ?

DALIGNY.

Qu'importe la cause, après tout ?

COURVILLE.

Petites querelles de femmes. La mienne est morte, je la regrette ; mais je ne vois pas ce qui nous empêcherait de nous réconcilier.

DALIGNY.

Allons donc, monsieur; et les propos affreux que vous avez tenus sur moi, cela peut-il s'oublier?

COURVILLE.

Vous me les avez bien rendus : nous sommes quittes.

DALIGNY.

Et croyez-vous, monsieur, que cette affectation même de générosité à mon égard ne soit pas faite pour me piquer? Tous vos anciens amis, que vous appelez vos flatteurs, ne retournent pas chez vous : il en est qui ne vous pardonneront jamais la manière dont vous vous êtes conduit avec moi.

COURVILLE.

Et qui sont donc ces gens à caractère qui me gardent rancune à cause de vous?

DALIGNY.

Qui? Mondoux, par exemple.

COURVILLE.

Mondoux! il sort de chez moi, voilà sa carte.

DALIGNY.

Ah! ah!

COURVILLE.

Et puisque c'est celui-là que vous me citez, je vous dirai que c'est précisément celui que je veux le moins recevoir. Qu'au moment de notre querelle, avant ma ruine, il vous ait donné tort devant moi pour me plaire, comme pour vous plaire, sans doute, il vous donnait raison en sortant de ma table pour aller à la vôtre, c'est fort bien; que véritable thermomètre de la fortune des gens, il se soit mis à l'avant-garde de ceux qui se sont éloignés de moi quand j'ai été malheureux, comme il se met rapidemment à la tête de ceux qui se rapprochent à présent, que la fortune me sourit une seconde fois, c'est tout simple; mais j'ai une chose plus grave à lui reprocher. Je m'en doutais, on me l'a

confirmée à Bordeaux; quant à vous, vous l'ignorez. C'est
fort singulier qu'on vive à Paris avec des gens dont on connaît à peine l'existence, qu'on reçoive comme un ami intime celui dont on sait à peine la demeure. Il a une jeune
sœur qu'il ne traite pas précisément comme sa servante, mais qu'il néglige, dont il se soucie fort peu, qu'il
laisse dans l'embarras, et presque dans l'indigence, tandis
qu'il va faire l'aimable dans le monde : j'y veux mettre
ordre. Nous sommes cousins, je ne sais à quel degré; la sœur
est filleule d'un de mes oncles; je n'ai pas d'enfans, et mes
colatéraux ne m'en voudront pas de faire un peu de bien
à cette pauvre fille. Oui, monsieur, voilà ce qui m'irrite
contre lui. Mais revenons à vous. Autant je suis déterminé
à ne jamais pardonner à Mondoux, autant j'ai à cœur de
redevenir votre ami.

DALIGNY.

Et vous comptez regagner mon amitié en venant calom-
nier chez moi un homme qui m'est tout dévoué. Je laisse
de côté sa conduite avec sa sœur; s'il la traite mal, elle a
des torts, je le parierais. Une carte de visite déposée à
votre porte, cela m'étonne; au reste, pure civilité, que je
suis loin de trouver blâmable; mais vous me permettrez de
douter qu'il ait osé me donner tort devant vous : c'est la
passion qui vous aura fait croire qu'il vous approuvait.

COURVILLE.

Vous en doutez? Parbleu ! quoique je me soucie fort peu
de me trouver avec lui, mettez-nous en présence ; et nous
verrons s'il osera me démentir.

DALIGNY.

Je ne demande pas mieux. Je l'entends, je crois.

COURVILLE.

A merveille.

SCENE XII.

LES MÊMES, MONDOUX.

MONDOUX.

Me voilà de retour, mon cher ami.... Oh! là là,
M. Courville!

COURVILLE.

Bon jour, monsieur. Vous êtes venu chez moi; j'y suis
très-rarement, je vous en préviens; mais je saurai vous
trouver ailleurs; quand j'aurai besoin de vous parler. Ici,
par exemple.

MONDOUX.

J'étais loin de m'attendre à vous voir répondre aussi mal
à une marque de politesse que je devais à un parent.

DALIGNY.

Simple marque de politesse, je l'avais bien dit.

MONDOUX, à Daligny.

Je vous expliquerai pourquoi j'ai été chez lui. (A Courville.) Enchanté de vous voir de retour en bonne santé,
et riche... (A Daligny.) Qu'est-ce qu'il vient donc faire ici?

COURVILLE.

Répondez-moi, cher parent. Au moment de ma querelle avec Daligny, ne m'avez-vous pas répété vingt fois
que c'était un bon homme qui se laissait mener par sa
femme, fort inconséquent, d'un caractère faible?

MONDOUX.

Moi, monsieur? c'est vous qui parliez ainsi.

COURVILLE.

Oui, moi; et vous m'approuviez, comme vous l'approuviez sans doute, quand il vous disait que j'étais fier, impertinent, sensible à l'éloge et à la flatterie. C'est vrai, je
l'étais dans ce temps-là; mais j'ai bien changé, grace à
vous et à d'autres.

MONDOUX.

En vérité, monsieur , la manière dont vous m'inter-
rogez.... J'ai fort peu de mémoire ; il se peut que je me
sois permis.....

DALIGNY.

Comment! vous vous êtes permis?....

MONDOUX.

Dans l'espoir de réconcilier deux honnêtes gens......

COURVILLE.

Moyen ingénieux !

MONDOUX.

Et pourquoi pas.... le zèle.... (*A part.*) Je suis pris.

COURVILLE.

Vous paraissez troublé.

DALIGNY.

Mal à votre aise.

MONDOUX.

Vous trouvez? vous croyez ?.... C'est vrai , j'éprouve une
espèce d'oppression , mais c'est égal.... Messieurs, vous
ne devez pas douter de la pureté de mes intentions.... Les
apparences.... Il faut s'en défier.... Et souvent il arrive....
Ah ! mon Dieu ! Ah ! mon Dieu !

COURVILLE.

Eh ! quoi donc ?

MONDOUX.

Je ne sais , un éblouissement.... un étourdissement.... le
sang qui me porte à la tête....   (*Il va pour sortir.*)

COURVILLE, *l'arrêtant.*

Laissez — donc , vous vous portez à merveille. Voilà
comme on se fait malade quand on veut esquiver une explication; nous voyons cela tous les jours.

MONDOUX.

Courage, monsieur, exercez votre esprit à mes dépens !

Je ne suis pas susceptible, j'entends fort bien la plaisanterie; mais vous prenez mal votre moment : je ne suis pás bien, parole d'honneur; ce ne sera rien, j'ai besoin de prendre l'air, je reviens tout-à-l'heure.

SCENE XIII.

DALIGNY, COURVILLE.

COURVILLE.

Eh ! bien, que dites-vous de l'éblouissement ? Il ne reparaîtra que quand je serai parti, et je pars : je cours de ce pas prendre des renseignemens sur sa sœur, tâcher de lui être utile. Pauvre Mondoux ! je le crois sans méchanceté, mais hélas ! il est sans compassion.

DALIGNY.

Je vous assure qu'il a d'excellentes qualités. Encore ce matin ne m'a-t-il pas dit mes vérités avec une franchise !.....

COURVILLE.

Oui, les vérités qu'il savait vous plaire. Oh ! n'ayez pas peur que sa franchise vous blesse. Adieu, Daligny ; vous réfléchirez sur ma démarche, vous l'approuverez, vous me rendrez ma visite, et vous serez bien reçu. Mes hommages à madame.   (Il sort.)

SCENE XIV.

DALIGNY, seul.

Singulier homme ! Comme son malheur l'a rendu brusque et franc. Mais Mondoux, ma foi il y a du louche dans sa conduite.

SCENE XV.

DALIGNY, MONDOUX.

MONDOUX.

Est-il parti ? Oui. Bon ! Ah ! çà mon ami, j'espère que vous ne m'en voulez pas ?

DALIGNY.

Moi, mais......

MONDOUX.

Par égard pour vous, je me suis gardé de me compromettre avec un homme aussi vif ; j'ai senti que j'allais m'emporter, je me suis retiré. Tenez, mon ami, je suis franc, je dois l'avouer, j'ai dit que vous étiez un brave homme qui aviez beaucoup de confiance en votre femme. Eh ! bien, où est le mal, si elle le mérite ? ajoutais-je. Ils entendent faiblesse quand je dis bonté, est-ce ma faute ? Vous connaissez trop le monde pour n'être pas convaincu qu'il y a des occasions où l'on est fort embarrassé. Moi, j'ai au fond du cœur une fermeté de principes inaltérable ; mais dans la société on est souvent forcé de s'accommoder à l'humeur des gens. Est-ce que vous me boudez encore, mon cher Daligny ? Parbleu, ce Courville avait bien affaire de revenir avec une nouvelle fortune pour mettre du froid entre moi et l'homme que j'estime le plus. Voilà une journée bien malheureuse pour moi.... Les larmes m'en viennent aux yeux.　　　　　(*Il tire son mouchoir.*)

DALIGNY.

Allons, allons, ne vous affligez pas.

MONDOUX.

Je ne suis pas coupable, parole d'honneur. On est bien malheureux d'avoir des ennemis ; cela me fait un mal !... Tenez, mon ami, point d'explication, et embrassons-nous.

DALIGNY.

Il paraît sincère. C'est un bon homme, au fond.

MONDOUX.

Un bon enfant, c'est là le mot. Un peu étourdi, un peu mauvaise tête ; mais un cœur excellent. Vous restez, mon ami, oui ? Eh ! bien, voilà le plus beau jour de ma vie.

DALIGNY.

Mais, mon cher Mondoux, qu'est-ce que Courville veut dire quand il prétend que vous vous conduisez mal avec votre sœur ?

MONDOUX.

Avec ma sœur ! Quelle calomnie ! Oh ! Dieu, c'est mon enfant ; elle m'aime comme un père.

DALIGNY.

A la bonne heure.

MONDOUX.

Je veux la présenter un jour à madame Daligny ! Vous verrez quel bien elle vous dira de moi.

SCÈNE XVI.

LES MÊMES, Madame DALIGNY.

Madame DALIGNY.

Monsieur, vous me voyez dans la plus vive inquiétude.... On peut parler devant M. Mondoux. Cette jeune personne dont mon fils est amoureux, et, soit dit en passant, vous auriez bien dû m'en parler plutôt, puisque vous le saviez.

DALIGNY.

Eh bien ! cette jeune personne ?

Madame DALIGNY.

Elle est ici.

DALIGNY.

Elle est ici!

Madame DALIGNY.

Oui, monsieur. J'avais demandé une ouvrière à madame Dupré; votre fils, en trompant tout le monde, a trouvé moyen de m'envoyer précisément celle qu'il aime.

DALIGNY.

Oh! le petit traître!

Madame DALIGNY.

Il faut rendre justice à la jeune personne, elle n'y est pour rien. C'est Juliette qui a tout découvert, et qui l'a fait jaser : elle ignore absolument encore que le jeune homme qui tous les soirs va la voir chez madame Dupré, est le fils de la dame chez laquelle on l'a envoyée; elle a laissé voir involontairement à Juliette que mon fils lui était bien cher. Elle est si douce, si innocente, si naïve, si jolie, si malheureuse, et voilà ce qui rend cette passion plus dangereuse! Pauvre enfant, elle me fait bien du chagrin; mais je ne peux m'empêcher de la plaindre.

DALIGNY.

Il ne faut pas que Paul la voie, il faut la renvoyer sur-le-champ.

Madame DALIGNY.

Oui, sans doute, elle ne peut pas rester ici ; mais la renvoyer durement, je n'en ai pas le courage.

DALIGNY.

Et mon fils ne manquera pas de la retrouver. Puisque vous avez si bonne opinion de cette jeune personne, il faudrait lui faire entendre raison; obtenir d'elle qu'elle se cachât à mon fils ; nous confier à elle, en un mot. Mon ami, cela vous regarde.

MONDOUX.

Volontiers.

DALIGNY.

Eh bien! madame, sous quelque prétexte, envoyez-la dans ce salon; Mondoux lui fera sentir les dangers auxquels elle est exposée.

MONDOUX.

Oui, oui, fiez-vous à moi; j'y mettrai de l'onction, du sentiment.

Madame DALIGNY.

C'est cela. Vous verrez, cher Mondoux, combien elle est intéressante. Elle a raconté à Juliette tous ses malheurs, sans se plaindre de personne. Elle est orpheline, elle se nomme Laure. Pour son nom de famille, elle ne l'a pas dit. Elle demeure avec un parent, son tuteur, qu'elle ne voit presque pas, qui sort dès le matin, ne rentre que le soir, sans s'embarrasser de ce qu'elle devient, de ce qu'elle fait; qui ne sait pas seulement qu'elle est obligée de travailler chez les autres.

MONDOUX.

En vérité?

Madame DALIGNY.

Il y a des parens bien froids, bien insoucians, bien affreux! Je vais vous l'envoyer. (*Elle sort.*)

SCENE XVII.

DALIGNY, MONDOUX.

DALIGNY.

Moi, je vais tâcher de trouver mon fils; oui, je me décide, il faut que je lui parle. Ah! mon cher Mondoux, que vous êtes heureux d'être garçon! On desire des enfans, ayez-en donc, pour qu'ils vous accablent de tourmens.

(*Il sort.*)

SCENE XVIII.

MONDOUX *seul.*

Ah! mon Dieu! ah! mon Dieu! serait-ce...? Oh! non, cela ne se peut pas.

SCENE XIX.

MONDOUX, DUCLOS.

DUCLOS.
Me voici de retour, mon cher Mondoux.

MONDOUX.
A l'autre à présent. Pardon, mon ami, je suis pressé.

DUCLOS.
Je viens de m'essayer, comme je te l'avais promis, dans cette maison où j'avais une leçon à donner ; mais, mon ami, le malheur me poursuit. Je dis du bien du précepteur à la femme-de-chambre, il se trouve qu'elle le déteste ; je fais compliment à la maîtresse sur ce qu'elle a de si grands enfans, il se trouve qu'elle a la manie d'être jeune ; la maîtresse est furieuse, la femme-de-chambre veut me mettre à la porte, les enfans me rient au nez, et je m'échappe sans avoir donné ma leçon.

MONDOUX.
Je te l'ai dit, tout n'est pas profit ; il y a des désagrémens, je ne l'éprouve que trop dans ce moment. Mais sors, je t'en prie.

DUCLOS.
As-tu parlé de moi à M. Daligny pour qu'il me prenne dans ses bureaux?

MONDOUX.

Oui, oui, sans doute, je lui en ai parlé; il te placera, il me l'a promis, tu verras.

DUCLOS.

Ah! cher ami! où te verrai-je?

MONDOUX.

Chez moi, quelque part; je t'écrirai.

DUCLOS.

Tu ne sais pas mon adresse.

MONDOUX.

C'est égal, reviens ici demain à la même heure, j'y serai encore, je l'espère au moins. Bien le bon jour, mon ami Duclos.

DUCLOS.

C'est singulier! il n'a pas l'air si heureux que ce matin.

(*Il sort.*)

MONDOUX.

J'en ai la fièvre.

SCENE XX.

MONDOUX, LAURE.

LAURE.

Madame Daligny m'a dit que quelqu'un me demandait.

MONDOUX.

Ah! grand Dieu! c'est elle-même!

LAURE.

O ciel! mon frère!

MONDOUX.

Qne venez-vous faire ici, mademoiselle?

LAURE.

Mon frère, je viens.... Pardon.... Je ne me plains pas de vous..... Mais la médiocrité de notre fortune me force à chercher de l'ouvrage.

MONDOUX.

Elle travaille, et moi..... et moi qui ai employé tous mes efforts pour empêcher M. Daligny de la marier à son fils ; et moi qui conseillais si mal ce jeune homme, qui m'étais presque chargé de la toucher en sa faveur.

LAURE.

Que dites-vous, mon frère ?

MONDOUX.

Imprudente ! savez-vous dans quelle maison vous êtes ? Ce jeune homme que vous voyez tous les soirs chez je ne sais quelle marchande.....

LAURE.

M. Paul ?

MONDOUX.

Oui, M. Paul ; il vous aime, il ne vous l'a pas dit ; vous l'aimez sans le vouloir, sans vous en douter ; et c'est par suite de ses artifices que vous vous trouvez chez sa mère.

LAURE.

Chez sa mère ! Je m'enfuis.

MONDOUX.

Oui, sans doute ; je sors avec toi ; mais non, attends, peut-être y a-t-il quelque espoir, peut-être pourrais-je réparer..... Eh ! non, c'est impossible, allons-nous-en.

LAURE.

Mais Dieu ! quelle idée va prendre de moi cette madame Daligny, qui me témoignait tant d'intérêt ! Ciel ! le voilà ; je cours me réfugier auprès de sa mère.

(*Elle sort*).

MONDOUX.

Attends, attends donc, ne vas pas révéler à madame Daligny... Quel embarras ! pauvre sœur ! Voilà une maison perdue pour moi. Je ne sais comment m'en tirer, parole d'honneur.

SCENE XXI.

MONDOUX, PAUL.

PAUL.

Eh ! quoi , elle s'échappe à mon aspect. Vous lui avez parlé sans doute ; elle ne veut donc pas me voir ? elle ne me pardonne pas. Ah ! je me précipite sur ses pas.

MONDOUX.

Arrêtez , jeune homme, arrêtez. N'êtes-vous pas déja assez coupable ? Ah Dieu ! tromper , séduire une pauvre jeune fille ! Et votre père , que vous allez faire mourir de chagrin.

PAUL.

Mon père ! il n'a que quelques soupçons, m'avez-vous dit ; vous m'avez promis de m'aider à les dérouter.

MONDOUX.

Moi, je vous ai promis.... N'y comptez pas : je vais tout lui dire, au contraire.

PAUL.

Gardez-vous-en bien : tremblez de vous conduire ainsi.

MONDOUX.

Eh mais ! c'est par intérêt pour vous, pour lui, pour moi ; et les mœurs, monsieur.

PAUL.

Comment les mœurs ! vous qui m'encouragiez dans ma passion, vous qui vous étiez engagé à parler à Laure en ma faveur.

MONDOUX.

Dites que c'est vous qui avez exigé.... Je ne sais pas refuser un ami qui me supplie ; mais si vous aviez voulu m'entendre, j'avais les plus belles choses du monde à vous dire sur le respect qu'on doit aux volontés de ses parens, sur le danger de ces inclinations romanesques, sur l'honneur, la vertu, la.....

PAUL.

Mais je ne vous conçois pas; comment se fait-il que vous ayez changé si brusquement?

MONDOUX.

Ce n'est pas que cette jeune personne ne soit très-bien née; elle appartient à une famille fort respectable. Mais comment espérer que votre père consente jamais....? Alors c'est à vous à renoncer.... Car enfin, je n'ai pas vu que sa beauté soit si surprenante... Je m'embarrasse, je ne sais ce que je dis.

SCENE XXII.

LES MÊMES, JULIETTE.

JULIETTE.

Ah! grand Dieu! voici bien autre chose! Comment monsieur Mondoux, ce serait votre sœur?

PAUL.

Sa sœur!

JULIETTE.

Eh! oui, cette jeune fille que vous avez trouvé le moyen d'introduire dans la maison.

PAUL.

Eh quoi! c'est vous qui seriez ce mauvais parent, ce tuteur égoïste dont on m'a parlé?

MONDOUX.

Mais pas du tout, mon ami; au contraire, je voudrais vous servir, verser mon sang pour vous et pour ma sœur. Ma chère Juliette, défendez-moi.

JULIETTE.

Ne me parlez plus, monsieur; je ne suis qu'une pauvre domestique, mais j'ai soin de ma mère.

4

SCENE XXIII.

LES MÊMES, COURVILLE, DALIGNY.

COURVILLE.

Ce n'est pas ma faute, si vous me revoyez encore ; mais elle est ici, vous dis-je, j'en suis sûr.

DALIGNY.

Et qui, monsieur, s'il vous plaît ?

COURVILLE.

Eh ! parbleu, la sœur de Mondoux.

JULIETTE.

Eh ! oui, monsieur, cette jeune ouvrière....

DALIGNY.

Se peut-il ?

COURVILLE.

Vous avais-je trompé sur son compte ? C'est un homme charmant ! il donne le bras à madame, il politique avec monsieur, découpe à table, fait jouer les enfans ; mais il laisse sa sœur dans l'abandon. Et voyez les beaux fruits de sa négligence ; la jeune personne est sage, vertueuse, mais qui sait comment cela finira ? S'il faut en croire une bonne femme chez qui j'ai pris mes renseignemens, il y a un jeune étourdi qui s'amuse à lui faire les yeux doux. La pauvre innocente n'a pu s'empêcher de le trouver aimable.

PAUL.

Elle me trouve aimable.

DALIGNY.

Eh monsieur, vous le voyez, cet étourdi ; c'est mon mauvais sujet de fils.

COURVILLE.

Votre fils ! attendez donc, diable ! et où est-elle maintenant, ma chère cousine ?

MONDOUX.

Voilà qui est fini, je ne pourrai plus me montrer nulle part.

PAUL.

Eh! quoi, monsieur, ce serait votre cousine?

DALIGNY.

Eh! quoi, Mondoux, ce serait votre sœur?

SCÈNE XXIV ET DERNIÈRE.

LES MÊMES, Madame DALIGNY, LAURE.

Madame DALIGNY.

Oui, messieurs, la voilà.

COURVILLE.

C'est elle-même, je la reconnais, quoiqu'elle fût bien petite quand je l'ai vue chez sa mère. Vous ne me remettez pas? Courville, votre parent.

LAURE.

Monsieur Courville! Ma mère ne prononçait jamais son nom sans attendrissement.

Madame DALIGNY.

Elle m'a tout avoué, et je me fais un plaisir de dire tout haut qu'il est impossible d'avoir en même temps plus de franchise et plus de raison.

PAUL.

Ah! mon père! vous savez tout. Au nom du ciel, accordez-moi sa main; je ne puis être heureux qu'avec elle.

COURVILLE.

Monsieur Daligny, si cette jeune personne avait de la fortune, que lui manquerait-il? Or si moi, comme parent plus riche que je n'ai besoin de l'être, je lui donnais une dot, que diriez-vous?

DALIGNY.

Je dirais..... je dirais qu'il est impossible de garder rancune à un homme aussi généreux.

PAUL.

Et vous consentiriez..... Ah! mon père! Ah! monsieur! Mademoiselle, mon sort dépend de vous.

LAURE.

J'ai remis le mien entre les mains de madame.

Madame DALIGNY.

Tu es aimé, on m'en a fait l'aveu. On avait promis de t'oublier, mais je crois qu'on ne sera pas fâché d'être dégagé de sa promesse.

MONDOUX.

Quelle joie! quel beau jour! j'en pleure de plaisir, parole d'honneur. Ainsi donc, nous voilà tous heureux.

COURVILLE.

Ce n'est pas votre faute, n'est-ce pas? Quant à vous, qui dites aimer tout le monde, et qui n'aimez que vous, imposez-vous le moins de devoirs que vous pourrez; vous seriez un époux froid, un père insouciant : pour qu'on puisse vous supporter, restez garçon.

FIN.

www.ingramcontent.com/pod-product-compliance
Lightning Source LLC
LaVergne TN
LVHW022201080426
835511LV00008B/1504